Willi, sitz!

Un onnern Geschichte

Hildegard Bachmann

Willi, sitz!

Un onnern Geschichte

edition-tz.de

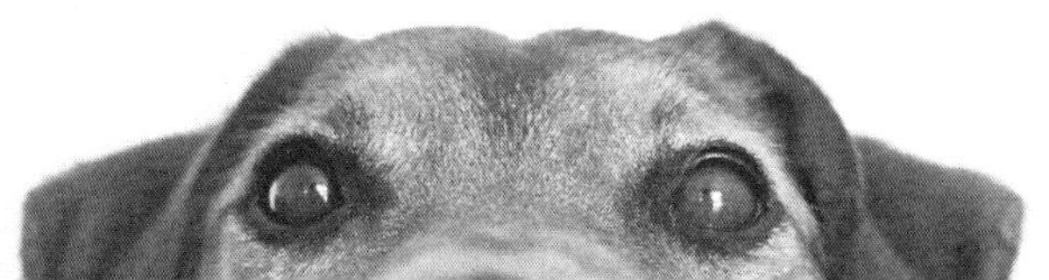

Layout: TZ-Verlag & Print GmbH
Fotos: Privatarchiv Hildegard Bachmann

Druck: TZ-Verlag & Print GmbH, 64380 Roßdorf

edition-tz.de
Tel. 0 61 54 / 8 11 25
E-Mail: service@tz-verlag.de
www.edition-tz.de

ISBN 978-3-96031-007-5

Inhaltsverzeichnis

Willi, sitz!

Fastnachtsvortrag von 2001

Mir wohne in Mainz-Drais zur Untermiete bei einem Hund.
Er heeßt Willi, hinne mit 4 i.
Mir wollten en gar net, abber er wollt uns.
Mir habbe den aus em Tierheim, Abteilung schwer erziehbare Hunde.
E Gesicht wie en Hunde-Engel.
Un mir bleedt, sin dodruff noigefalle.
Sieht aus wie en Schweinerollbroote mit Ohrn.
Er is eine Fewawi-Mischung – Feld-Wald-Wiesenmischung.

Bevor mir den Hund krieht habbe, warn mir gonz normal.
Mir konnte frieher unser Lebe selbst bestimme.
Is schon lang her.
Wie mir de Willi e Zeitlang hatte, habbe mir gemerkt, dass der gar net belle kann.
Was hatte mir e Abeit bis mir dem dess beigebrocht habbe.
Die erste drei Monat musst ich selbst belle.
Dess war schlimm, mir is beim Belle immer es Gebiss fortgeflooche.
Was hatte mir frieher e schee, unkompliziert Lebe,

ohne Alpträume und Baldrian und ohne Herztablette!
Mir hatte de Willi noch koon Daach, do wusst schun de gonze Ort Bescheid.
Bachmanns habbe en Hund, no, der hott dene grad noch gefehlt.
Gonz Gemeine habbe sogar die Bemerkung gemacht: De Hund un's Frauche – oh Gesicht.
Schee is er net, ich gehe deshalb nur im Dunkele mit em spaziern.
Abber mol ehrlich: Ich glaab, soi Mudder war e Flittche.
De Körperbau hott de Willi von einem Beagel.
Des is e Rass, die heert zwar hervorragend, gehorscht abber gonz selten.
Allo on soim Hundeschwanz konn merr drei Rasse erkenne.
Soi Genitalie warn vor de Kastration von einem Schäferhund.
Heit sin se nur noch von einem Rechewurm.

Am Ofong war de Willi kaum dehaam.
Er hott als Ausflüch gemacht, gonz allo.
Er war meist uff Brautschau.
Mir habbe ibberleht, ob dess helfe det, wonn mir em dess ohne Boo ampudiern dete?
Abber donn habbe mir em en Backstoo on de Schwanz gebunne.
Es hott abber net viel genitzt.

Also wonn de Willi roirassisch wär, hätt der sicher den Name Wilhelm der Starke aus dem Geschlecht der Grafen von Rennefort.

Zwaa Jahr habbe mir gebraucht bis er „Sitz!“ gemacht hott.
Donn musste mir em widder beibringe, wie merr steht.
Gehorsche, ein Fremdwort, uff koon Fall.
Wonn ich ‚rechts‘ saache, lääft er links, saach ich ‚links‘, lääft er rechts.
Un wonn er mol richdisch lääft, donn meent er es net so.

Also es erste, was de Willi gemacht hott, wie er bei uns oigezooche is: Er hott renoviert.
De erste Stock hott er sich gonz nooch soim Geschmack oigericht.
Die Dabete habbe em net gefalle. Abgerisse.
Die Lamperie hott em net gefalle. Rausgerisse.
De Deppichbooden hott em aach net gefalle.
Mir hatte aach emol e Katz. Hott em net gefalle. Vertribbe.
Was hatte mir en Spass. Bei uns kam Froide auf.

Hochintelligent, saach ich Ihne.
Hott moi gonz Bicherregal ausgelese. Was em net gefallt hott, hott er verrobbt.

Also entweder merr hott en lieb, odder merr bringt en um.
Ja un so ging's weider. Dreimol hott er die Zahnspang von moiner Dochter zerbisse, mir habbe gejauchzt vor Froid.
Beim erste Mol hott die Zahnärztin noch herzhaft gelacht, beim zweite Mol is ihr es Lächele im Gesicht oigefrorn.
Beim dritte Mol musste mir de Willi mitbringe. Sie hott em donn sämtliche Zäh gezooche, e Gebiss gemacht un wonn ich morjens uff die Abeit geh, nemm ich's mit.

Wonn en Oibrecher kimmt, muss ich en wecke.
Fer en Ringel Fleischworscht det der dem moi Portmonnai freiwillich bringe.
Abber sonst ist de Willi en gute Hund. Bringt mir jeden Morje die Zeitung, obwohl ich se gar net abonniert habb.
Letzt Woch kam unsern Nachbar gehumbelt und hott sich beschwerd: Unsern Willi hätt ihm soi Schlappe zerbisse, wie er se noch ohhatt.

Mir habbe also net viel Probleme mit unserm Hund.
Aach wonn ich mit em spaziern gehe.
Sin Sie schun mol mit einer gezündete Pershing-Rakete on de Loi spaziern gonge?
Is net so schlimm: Wonn ich schnell genuch hinnerm

herlaaf, dun mir aach die Ärm vum Ziehe net so weh. Abber ich bin leider net so schnell. Dessdeweche ist moin Leinearm aach 10 cm länger wie de onner.
Letzt habb ich jo e Ohzeich vum Tierschutzverein krieht, weil mein Hund mich immer ziehe misst.
Seit 16 Johr bin ich on de Loi.

Wie ich de Willi es erst Mol habb frei laafe losse, is er nooch Wackernheim gelaafe un hott dort 14 Daach Urlaub gemacht.
13 Leine hatt ich bis jetzt, guck ich net hie, beißt er se dorch.
Gott sei Donk kost so e Loi nur 70 Mark, sunst wärn mir schlecht dro. Ich krieh mittlerweile 10 % Mengerabatt.

Nochdem mir de Willi 5 Jahr hatte, un er immer noch nix begriffe hott, sin mir mol mit dem uff de Finther Hundeplatz.
Die wollte uns gar net noilosse. En Schweinerollbrote kennt merr net dressiern.
Abber donn kam Gott sei Dank ohner un hott gesaat: Also, so wie er die Sach sehe det, wär unsern Willi ein Nachfahre aus der Hundezucht des englischen Königshauses.
Jetzt war uns alles klar: De Willi versteht nur Ochsfort-Englisch!
Ich habb donn bei de Volkshochschul en Intensivkurs

in Ochsfort-Englisch belecht. Seitdem klappt`s besser. Nur die Nachbarn gucke uns net mehr oh. Die meene, mir wollte se verarsche, weil mir nur noch englisch mit em Willi spreche: Willi, would you be so kind and sit down, please.

Also mol ehrlich: Wonn die Tierärztin domols im Tierheim uns net gesaat hätt: „Mache Se dem Hund noch e paar scheene Daach, der werd net alt, der hott en Herzfehler“, also mir hätten en net genomme. Ei mittlerweil habb ich jo en Herzfehler!

Er ist jetzt 16 un fängt oh se spinne.
Wonn ich mit em spaziern geh, un geh widder haam, hott er vergesse, dass mir schun warn. Do muss ich widder mit em gehe. Ei mir sin als de gonze Daach unnerwegs!

Gott sei Donk habb ich Zeit, ich bin jo nur acht Stunne om Daach berufstätich.
Abber mir gebbe die Hoffnung net uff.

Nur letzt hott er mir jo moi Hormontablette uffgefresse.
Wisse Sie, was des heeßt?
Er is widder gewachse, abber an einer Stelle, die eichentlich fer immer dot war. Mir mache was mit!

Letzt hott uns en Bekannte erzählt, sein Vadder hätt 17 Johr long en Hund gehabbt.
Mit 16 hätt der es erstemol „Platz“ gemacht un mit 17 hätte sen es erstemol vun de Loi losse kenne, dess wär abber bei seiner Beerdichung gewese.

Bei uns in de Gass gibt's noch en Hund, en reinrassische, von Adel, Ansgar von Rüdesheim, un dem soi Frauche gibt immer so oh mit dem. Seet die doch zu mir: „Frau Bachmann, stellen Sie sich einmal vor, Ansgar kann sprechen!“
Habb ich gesaat: „Ja, dess waaß ich schun long. Unsern Willi hott's mer erzählt.“

Nur ohns, dess habb ich ihm net abgeweehne kenne. Wenn ich unnerwegs bin mit em Willi un treff emol jemond, do bleibt merr doch ohstondshalber mol e Stündche zum Erzähle stehe.
Abber dess is dem zu long un desshalb pinkelte der mir aus Protest ons Boo.
Do nitzt es nix, wonn ich saache: “Willi, please, do not rappele on the mother ihr boo.”
Ich habb mir jetzt emol Gummistiefel kaaft.

Abber mir gebbe die Hoffnung net uff.
Monchmol, do träume mir noch vun Zeite, wo unser Dapete ordentlich on de Wond hinge, wo unsern Deppichboden grad verleht war, koon Schuh un koon

Perserdeppich verrobbt wurd.
Abber mol ehrlich: Was war donn dess fer en Lebe?
Gar koons!
Mir sin froh, dass mir unsern Willi habbe, der hott wenigstens e bissje Lebe in die Bud gebrocht.

Ach ibbrigens, wisse Sie ibberhaupt, wie dess rechtlich aussieht, wonn uff Ihrm Grundstick en Hundehaufe lieht?
Net? Also dess is so: Wonn er länger wie acht Daach lieht, geht er automatisch in Ihr Eichentum ibber, dann derfe Sie ihn behalte.
Helau!

De Paul Young

De Paul, moin Paul! Fer den habb ich so geschwärmt. Der war moin Typ. Der hatt sozusaache moi Gnad. Und was noch war: Der konnt singe. Der war en Weltstar. Also ich bin immer dahingeschmolze, wonn ich soi Lieder geheert habb. Dess war abber alles e Geheimnis, dess war moi Geheimnis, dess wusste kooner.

Eines Sunndaachs hatt ich e Kaat fer de Fernsehgaarde uff em Lercheberch. Ich hatt se geschenkt krieht un hatt keine Ahnung, wer do all ufftritt. Egal aach. Die Hauptsach: Ich war debei. Es war alles uffrechend. Die gonze Künstler mol vun nah se sehe, das fand ich richtich cool. Merr war noch om Richte, die Kameras, die Mitwirkende, die Musiker, es war e Geschwirr um uns all erum. Ich bin donn uff so en Hüchel geklettert, wo merr alles von obbe beobachte konnt. Es Wetter war gut, e bissje windisch. No ja, alles klar.

Ich stehe do un guck mir alles vun obbe so oh, do merk ich pletzlich, wie ohner nebber mir steht. Ich guck uff, er nickt merr korz zu, ich grüß serick. Un denk, den kenn ich, abber woher?

Er hott noch e Zeit nebber mir gestonne. Er hatt die Arm überkreuz geleht und war on allem sehr interessiert. Irgendwonn heer ich wie er „By“ seet, ich nick korz mim Kopp. Er war gonge. Ich blieb donn uff de Ohöh stehe, hier konnt merr alles sehe un ich hatt en Riesespass.

Tja un dann kame Musiker uff die Biehn. Ich denke noch, dess is doch der, der ebbe nebber mit gestonne hott. Un do kündige sie die Band oh un de Sänger un do werd's mir blümerond, mir zittern die Knie, de Mund werd merr trocke, un ich kennt merr in de Hinnern beiße. De Sänger is moin Paul Young! Der Paul Young, den ich so verehrt habb un der 10 Minute nebber mir gestonne hott un den ich net erkannt habb. Nee, nee, ich konnt es net fasse. Ich hätt den ohgesproche, hätt em erzählt, wie sehr ich ihn verehrte und wie toll er singt un wie gut er aussieht. Ich konnt es net fasse.

Es beschäftich mich bis heit. Ich hätt naddierlich englisch mit em gesproche. Ich hatt jo mol englisch gelernt in de Handelsschul. Ich hätt z.B. zum ihm gesaat: *„Hy, Mister Young. Nice to see you. My name is Hildegard. I am a great fan from you. You singst jo so wundervoll songs. I love you so verri match. You are the Greeßte, the Best. Will you märry me?“*

Ja, dess hätt ich zu dem gesaat. Vielleicht hätt er mich donn zum Esse oigelade, odder mir wärn zusomme in Meenz in die Altstadt un ich hätte em mol en Hondkäs – also en *Händschees* – zum Probieren gebbe. Er hätt emol en Schoppe trinke kenne. Vielleicht hätt er aach Fleischworscht gewollt. Un vielleicht hätt er mich jo geheirat.

Abber ach, es is jo nix worn. Ich habb versaacht, als es druff ohkam. Er is heit immer noch aktiv. Er hott genauso weiße Haarn wie ich. No ja un wonn dess domols mit uns geklappt hätt, do hätte mir schun die Silberne Hochzeit hinner uns. Zu spät. Es Schicksal war geche uns. Un ich waaß, wonn er vun mir wisst, der det es aach bereue, dass mir zwaa net sesommekomme sin. Ach ja, moin Paul! *I love him forever.* Odder so.

Parisfahrt

Es is schon so lang her, abber es is ofach unvergesslich. Die Fraue vun de Kleppergaad, zu dene ich e Zeit long aach geheert habb, die hatte beschlosse, gemeinsam en Ausfluuch nooch Paris zu mache. Wau, Paris! Ich hatt schun viel vun de Welt gesehe, abber Paris, dess war was Neies.

Also Paris. Mir habbe e Busreise gemacht. Wenich Gepäck sollte mir mitnemme, habbe mir abber net gemacht. Mir wollte gut aussehe, wonn mir die erste Pariser treffe dete. De Busfahrer war net entzückt, abber dem habbe mir e Bier ausgebbe un do war er widder friedlich.

Ankunft Paris. Hotel. Hotelzimmer – tja, wie soll merr dess beschreibe? Erstens: fünfter Stock. Zweitens: Also größer wie e Speisekammer war dess Hotelzimmer net. Onnenonner vorbeigehe, war gar net meschlich: Es durft immer nur ohner im Zimmer soi, es war ofach zu eng. De Ausblick ibber die Stadt Paris, der war so, wie ich mir den vorstellt habb. So wie merr en in Filme sieht.

Nochdem mir uns ausgeruht hatte, ging es ab in die Stadt. Rausgebutzt mit alle Raffinesse, die mir debeihatte, ging es mit de Metro in's Zentrum. Mir hatte mittlerweile die erste Pariser gesichtet. No ja, scheener wie die Meenzer warn die aach net. Dann warn mir in de Metro, habbe sogar en Sitzplatz ergattert. Ich hatt mir gecheübber die Anita aus Risselsum. Ein Wahnsinnsweib. Immer gut fer en Spruch. Die Metro war sehr voll. Mir habbe gegaagelt un dumm Zeich geschwätzt, die Pariser konnte mit unserm Lache nix ofonge. No ja, die wusste jo aach net, dass mir aus Meenz kame.

Es wurd warm, un weil es so warm war, hott die Anita beschlosse, ihrn Pullover ausseziehe. Sie zieht de Pullover aus, leht en sich ibber ihr Knie, atmet erleichert uff un guckt gonz entspannt aus em Fenster vun de fahrende Metro. Ich guck die Anita oh, ich konn erst nix saache, außer „Ani-, Anit-, Anita, du host, du host, Anita, du hockst jo im BH do." Mittlerweile habbe dess einiche Pariser aach mitkrieht un warn sehr verwundert. Ich glaab, der ohne hott nur gesaat: „Olala!" Die Kleppergaade Mäddcher konnte sich vor Lache nett mehr halle. Es hott e paar Sekunde gedauert, bis die Anita mitkrieht hott, was do los war. Sie hott net nur ihrn Pullover ausgezooche, sie hott mit em Pullover aach ihr Unnerhemd gegriffe un mit ausgezooche. Erschrocke hott se uffgeschrie, worauf donn alle Leit in de Metro geglotzt habbe. Un sie is vor Schreck aach noch uffgehippt, hott mit de Arm gerudert, den Pullover gesucht un alles in ihrm BH.

Sie war so fertich, dass dess Ohziehe aach noch e gonz Zeit gedauert hott un um uns erum alles glotzende Pariser. Die Antia hatt en rote Pullover oh, ihr

Gesicht hatt noch dem BH-Erlebniss, die Farb vun ihrm Pullover ohgenomme. Sie hott gemeent, was fer e Blamaasch. Ich habb gesaat: „Mach dich net verrickt, hier kennt dich jo konner.“ Die Antia hott dess oigesehe un hott gesaat: „Gott sei Dank habb ich moin neie BH ohgehabbt. Der gefällt moim Monn so gut.“ Mir habbe domols so gelacht, dass de Eiffelturm ohgefonge hott se wackele. Ich glaab in gonz Paris hott kooner jemols so gelacht wie domols die Kleppergaade-Mäddcher.

Paris hott uns gut gefalle. Uff em Momatre war's wunderbar. Was will der Mensch mehr. Die wunderbare Geschäfte in de Stadt. Dior, Lagerfeld usw, also do brauche mir gar net enoi se gehe, net wechem Geld, weche de Größe. Mir Meenzer Mäddcher habbe en gonz onnere Kerperbau wie die Pariserinne. Wonn ich mir do e Klaadche kaafe wollt, dann hätt ich uff jeden Fall 2 Klaader kaafe misse un die hätt merr donn moi Schneiderin aus Finther zusommenähe misse.

Es ging noch Versaie – also Versailles – mir warn sehr gesponnt. Do hott selemols doch der Könich Ludwich residiert. Also ein sehr schönes Schloss. Mir habbe do so en Reiseführer um de Hals gehängt krieht un sprechende Ohrnschützer. Un domit sin mir donn staunend dorch es Schloss. Also groß, alles Gold, alles schee, aber hier wollt ich net wohne. Wonn ich allo die Fenster hätt putze misse, naa, naa, do bleib ich lieber in Draas. Igendwonn war do so en Balkon, den merr betrete konnt un vun dem aus merr den wunderbare Gaarde vun Versai hott sehe kenne. Un do hott mich die Muse gekisst un ich stehe uff dem Balkon vun Versai und rufe:

„Ludwich, steih runner vun doiner Mätresse! Kumm ruff, es gibt gleich was se esse!"

Obends sin mir dann zum Esse. Speisekaart französisch. De Kellner hott dess mitkrieht und hott uns berate un uns naddierlich nur die deierste Gerichte gebrocht. Während em Esse, muss die Roswitha mol Pipi. Un weil se ohner kennt, der französisch kann, hott sie gemeent, was der kann, dess kann ich aach un hott den Keller gefroht: „Missieu, Pissewa la Madam, fit, fit!"

Dann sin mir fröhlich schwankend in unser petit Hotelzimmer un habbe in unserem petit französische Bett geschloofe, also wollte merr, hatte merr fest vor, abber die Matratze war so dinn, wie de Kaffee morjens beim Friehstick un der war wiederum so dinn, wie em Lagerfeld soi Models.

Aber die Franzose sin net bleed. Unser Friehstick habbe mer im Keller zu uns genomme. Mir habbe fröhlich all um en Tischtennistisch gesesse. Der war obends zum Spiele und morjens habbe se den donn rumgedreht un als Friehsticksdisch benutzt. Es Friehstick, e Tasse Kaffee au lait und Kroassant in der Größe von nem Stick Seif. Abber egal: Mir warn in Paris un so habbe mir ibber vieles hinweggguckt.

Es war ein sehr scheener Paris-Ausfluuch, dess fande mir alle. Viele hätte sich gern en Pariser mit haamgenomme, abber no ja: Es nächste Mol! Uff em Haamwech habbe mir alles, was uns bassiert is, unserm Busfahrer erzählt, der so lache musst, dass die Leitplank unserm Bus sehr nahekam.

Tja, tja, Paris, do konn merr Sache erlebe, unglaublich. Merr säät net umsunst: Paris is eine Reise wert.

Kubanische Wurzeln

De Gerhard Metzger war es erste Mol beruflich in Kuba. Kuba hott em gefalle, er war gonz begeistert vun Land un Leit.

Nochdem er widder mol in Meenz war, hott er beschlosse, en Kaffee trinke se gehe. Soi Lieblingskaffee is hinne om Leichhof, direkt hinnerm Dom. Do is er öfters, do dut's em gefalle: Die Umgebung, de Platz, de Leichhofbrunne, die Altstadt – dess alles hott so e besonneres Flair.

Entspannt setzt er sich on en freie Disch un winkt de Bedienung. Die kimmt un fräht freundlich nooch soim Wunsch. Er guckt se oh un er denkt sofort on Kuba. Sie sieht so südamerikanisch aus.

Ach ja, Kuba! Die Begeisterung steiht widder hoch in em un darum fräht er die Bedienung: „Sagen Sie einmal, mein Fräulein, haben Sie kubanische Wurzeln"?

Die Bedienung guck en fragend oh, ibberleht korz un säät donn: „Kubanische Wurzeln? Ja, do muss ich erst emol in de Kich noochfrooche".

Fastnachts-Räpp

Uff de Bühn steht die Bitt,
un ich steh in de Mitt,
hall mich fest un beginn.
Un dief in mir drin,
Habb ich Ängst! Un warum?
Weche em Publikum!

Ich steh hier un ihr sitzt.
Un ich mach de erste Witz.
Dut ihr lache oder nit?
Merr macht werklich was mit!

Kooner kennt diese Qual …
Merr hott ofach koo Wahl:
Ob merr will odder nitt,
merr muss naus in die Bitt.
Dess lieht ohm im Blut,
diese Fastnachtsglut.

Doch merr ferscht sich devor,
merr is werklich net kloor.
De Puls – net se messe.
De Text – fast vergesse.
Es zittern die Glieder,
du denkst: Nie mehr wieder!

Doch ob du alt, ob du jung,
ob du mied bist, host Schwung,
Ob vun Draas, ob vun Finthe,
jeder Narr tut sich schinde.

Un dut ohner spotte un extra net lache,
dann soll er so en Vortraach mol selber mache.
Dann werd er begreife, dann erst wird's em klar,
wie schwer so was ist un zwar jedes Jahr.

Un die Sitzung ohne uns? Was det merr do mache?
Do hättet ihr am End jo gar nix se lache.
Denn ohns, dess is klar un gonz gewiss:
Ohne e gut Publikum e Sitzung nix is!.

Darum hätt ich e Bitt,
macht on Fassenacht mit,
geht all aus eich raus,
gebt uns Narrn viel Applaus!

Du fehlst merr so, moi Fassenacht!

Du fehlst merr so, moi Fassenacht!
Moi Herz, es dut merr weh.
Wie gern det ich heit feiern un uff e Sitzung geh.
Doch stoppt uns Corona. Koon Kontakt soll merr habbe,
koo Feier, koo Fastnacht, es is nix zu mache.
Doch ohns is klar un gonz gewiss: Wonn alles is vorbei,
do feier ich moi Fassenacht, do bin ich widder frei.
Un sin die Stroße wieder voll, die Narrn dun schwadroniern,
do kiss ich, drick ich, donz ich rum, du mich do net scheniern.
Ich habb dodraus nur ohns gelernt: Mir lebe net im Paradies.
Es gibt gute und aach schlechte Zeite, un monche sin gonz fies.
Doch will den Mut ich net verliern, will mich an Regeln halle,
aach wonn se mir, dess is jo klar, uff gar koon Fall gefalle.
Un wonn dess alle mache dann, dann feiern mir nächstes Jahr,
voll Dankbarkeit wieder Fassenacht, noch viele, viele Jahr.

Moi Holzkepp

Es war vor e paar Jahrn. Ich sitz om Computer un spiele so en bissje rum.

Ich geh dann zu ebay un will mol gucke, ob merr dort moi Bicher aach kaafe kann. Ich gebb ‚Hildegard Bachmann‘ oi un drick uff die Taste. Un do komme tatsächlich die Bicher, die ich geschribbe habb zum Vorschoi. Neie un gebrauchte wern verkaaft un do stoß ich uff e Bild. Zwaa Holzkepp sin se sehe. Unner dem Bild steht ‚Hildegard Bachmann in Holz‘. In Holz? Wieso in Holz? Also mol ehrlich: Ich in Holz, dess kann merr jo gar net glaabe. Abber ich habb mich widder beruhicht. Es sin nur zwaa große Holzkepp. Merr hott moin Kopp in Holz geschnitzt, omol bunt bemolt un omol ohne Farbe. Ich staune. Aus Holz, du lieber Himmel! Gott sei Donk habbe die nur moin Kopp aus Holz geschnitzt. Wenn die moin gonze Kerper geschnitzt hätte, do hätte die de Ober-Olmer Wald abholze misse. Tja, un donn habb ich merr die Holzkepp korzer Hand ersteichert. Ich war die ohnzig, die se wollt un so habb ich se fer 1,- Euro günstich erwerbe kenne.

Dann kame se mit de Post un ich konnt es net begreife. Die Köpp warn groß, so groß wie en Fussball un schwer warn se aach. Jetzt hott mir die gonz Sach doch koo Ruh gelosse un so habb ich bei dem Verkäufer von dene Holzkepp ohgerufe. Der hott schun mit moim Ohruf gerechnet un war hocherfreut. Ich habb ihn donn gefroht, wie er donn zu dene Holzkepp komme wär. Der Verkäufer hott in de Nähe vun Karlsruhe gewohnt un er hott mir gesaat, er hätt die zwaa onzeln kaaft. Den ohne Kopp hätt er in de Näh uff em Flohmarkt kaaft un de onner wär uff em onnern Flohmarkt zum Verkaaf ohgebote worn. Ich habb mich fer soi Auskunft un fer die Kepp bedankt un konnt es immer noch net begreife. Wer zum Deibel, habb ich mich gefroht, kimmt uff die Idee, moin Kopp in Holz se schnitze? Also e Schönheit, die unbedingt fer die Noochwelt erhalle wern muss, die bin ich jo net. Abber die Holzkepp ähnele mir sehr. Ich konn es net vun de Hond weise. Also mol gonz ehrlich, en Knallkopp, den habbe mir jo ab un zu alle mol. Aber en Holzkopp, dess konn ich behaupte, en Holzkopp, den habb nur ich.

Ich habb den bunte nebber moi Oigongsdier gehängt un jeder, der en sieht, waaß, dass ich hier wohne. So is der Holzkopp doch noch zu ebbes nutze. Un wonn ich emol gestorbe bin, dann krieht jede von meine Dechter en Holzkopp vun mir vererbt.

Ob die wolle odder net.

Die Giraffe und der Hase

Die Giraffe und der Hase, die trafen sich im Zoo,
die Giraffe stolzierte wichtig, der Hase hoppelt froh.
Man grüßte sich verhalten, sprach über dies und das,
die Giraffe tut sehr vornehm, der Hase hatte Spaß.
Ich bin die Allerschönste, sprach stolz das Riesentier,
ich sehe in die Ferne, und jeder sieht zu mir.
So schlank mein Hals, mein Körper, und auch die Augen mein,
die schönen, langen Wimpern, und dann mein schlankes Bein.
Ich trinke frisches Wasser, es läuft mir in den Schlund,
und esse frische Blätter, tagtäglich viele Pfund.
Und läuft das kühle Wasser, den lange Hals hinunter,
erfrischt es meinen Körper, ich bin fürwahr ein Wunder.
Und du, du kleiner Hase, was sagst denn du dazu?
Dass ich etwas Besonderes bin, das gibst du sicher zu?
Der Hase dachte: Ja doch, da hat sie sicher recht,
doch eines, das weiß ich genau, das kann sie sicher schlecht.
So sagt er zur Giraffe, hofft, dass sie drum nicht motzt.
„Du, sag mal, schöne Giraffe, hast du schon mal gekotzt?"

Johann Lafer un ich

odder: Ehrlich währt am längste

Vor viele Jahrn habb ich mol bei Johann Laafer in soiner Sendung koche derfe. Moi Sauerbrieh. Tatsächlich durft ich abber nur moi Gedicht ibber die Sauerbrieh lese. Die Judith Kauffmann hott denooch gekocht, de Johann hott alles ibberwacht. Un die Judith hott die Supp aach gut hiekrieht.

Ich habb bis heit noch net begriffe, warum ich dess net selbst mache durft. Aber was soll's. Während die Judith nooch moine Ohweisunge die Supp zubereit hott, war de Johann aach am Koche. Irgendwann hott er mich zu sich gerufe un ich musst mir ohgucke, was er do treibt. Ich war ratlos. Weil, do habbe so kloone runde Förmcher uff em Blech gestonne, die noch leer warn. Ich habb de Johann donn gefroht, was er do mache det. Worauf er gesaat hott: „Ja, liebe Hildegard, ich mach heit Frikadellen."

Was? Wie soll dess donn gehe? Ich konnt mir dess beim beste Wille net vorstelle. Mir habbe die Frikadelle immer mit de Hond rundgemacht un ins Fett geleht un dess war's. De Johann hott e Schissel mit soiner Frikadellemasse vor sich stehe un hott mim Leffel die kloone Förmcher gefüllt. Also mir war dess net geheuer. Naa, dess konnt doch net dem soin Ernst soi. „Johann, was machst du do?"

De Johann: „Ja, da schauckst."

Ich habb geschauckt un donn habb ich gesaat: „Johann, sei mer jetzt emol net bees, dess konn doch net doin Ernst soi, also do konn ich derr Brief un Siechel druff gebbe: Weche so kloone Frikadelle det bei uns dehaam kooner es Maul uffmache."

Die Sauerbrieh war gut, die Kameramänner, die se im Oschluss on die Uffnahme serviert krieht habbe, warn begeistert. Die Frikadelle warn aach gut. Abber Frikadelle, mit dene merr Klicker hätt spiele kenne, die warn mir suspekt.

Wer mir dann net merr fremd war, dess war de Johann. Ich war donn öfters mol im Südwestfunk bei der Sendung „Fröhlicher Weinberg" oigelade. Es war immer sehr nett, un ich habb do viele Stars kennegelernt. De Bernd Clüver, Patrick Lindner, die Witta Pohl, de Horst Janson usw.

Wen ich nie vergesse habb, dess warn die Jacob Sisters. Ein gar nicht so lustiges Völkche. Vier Weiber in de Wechseljahrn mit ihre Hunde, die ibberall im Uffnahmestudio ihr Geschäft erledicht habbe, also die Hunde. Es war e Weihnachtssendung. Ich sitze in de Schminke un do kimmt oni vun den Sisters rin, setzt sich nebber mich un fräht mich, ob ich aach in der Sendung debei wär un was ich do mache det. Ich habb ihr gesaat, ich det was vorlese. Worauf die kloo, uffgestumpt, wechseljahrgeschädichte Alptraum-Fraa die

Aache nooch obbe dreht un säät: „Dess ooch noch."

No ich war bedient. Später warn mir donn all zusomme hinner de Kulisse. Do stehe die vier. Oh so schee wie die onner, schnattern wie die Gäns un knutsche ihr Hunde ab. Pletzlich winkt mich die Oh zu sich un säät: „Kennste mol so gudd soin, un mir de Hüftholter zumochen?"

Ich zuck sesomme. hott die gemeent, ich wär die Gadrobefraa? Abber ich bin donn hie un habb geholfe, de Hüfteholter zu schließe, weil: Wer konn schun von sich behaupte, er hätt emol de Hüfthalter vun de Jacob Sister zumache derfe.

Die Sisters habbe uff sächsisch e Weinnachtslied gesunge. Ich habb in Mundart e Weihnachtsgeschicht vorgelese. Die Sendung war rund – was will der Mensch mehr?

Irchendwann war e Jubiläumssendung: De Fröhliche Weinberg hatt Jubiläum. Ich waaß zwar net mehr, was fer ohns, abber egal. De Johann wollt mich als Ibberraschungsgast. Ich war sprachlos. Abber naddierlich habb ich mich sehr gefreit. Also weche moiner Schönheit hott der mich net oigelade, dess war mir schun klar. Abber warum? Vielleicht hott er sich dess mit soine Frikadelle nochemol dorch de Kopp gehe losse un wollt des Rezept von moine Frikadelle. Kennt jo soi.

Also, ich war de Ibberraschungsgast. Was ich do mache sollt, des wusst ich net. Un dann ging's los.

Ich kam hinner de Kulisse vor, de Johann hott mich vorgestellt, mir habbe gebabbelt, die Leit hatte Spass un ich war ahnungslos. Donn hott mir de Johann de Patrick Lindner vorgestellt. Der hott mich begrüßt, aber ich war dem völlich egal. Un ich hatt grad aach net so e groß Interesse on ihm. Mir zwaa, so hott de Johann gesaat, mir sollte jetzt koche. Jeder fer sich. Die Zutate wärn all vorbreit un mir hätte so un so viel Zeit un er det zum Schluss donn soi Urteil ibber unser Gekochtes abgebbe. Na bravo.

Es ging aach gleich los. Jeder hatt en Herd fer sich. Fisch hott in em Dippe gelehe, dovun sollt merr jetzt was koche. Koche war gut. Wie willst du donn koche, wonn de ibberhaupt net waaßt, wie de Herd ohgeht! So en Herd, später wusste ich's: So en Induktionsherd war mir völlich fremd. Es hott gedauert, bis ich den endlich begriffe hatt un dess Sauding endlich warm worn is. De Fisch fing oh se koche, ich habb alles Gemies, dess do gelehe hott, kloo geschnitte un ibber den Fisch geworfe, habb Salz dribber gestreut, Peffer un habb donn ibberall Maggi gesucht. Was naddierlich falsch war. En gute Koch verwendet niemols Maggi. Merr lernt nie aus. Dann war Schluss.

De Johann kam un hott alles probiert, de Patrick un mich gelobt, waaß de Deibel warum. Un donn hott er zu mir gesaat: „Tja, meine liebe Hildegard, ich hob do emol e Bitt, probierst mol meinen Salat un sagst mir donn, was de von dem hältst.“

Es war en Salat aus Linse un was wollt ich mache, ich habb en probiert.

De Johann: „Ja un wos soogst?"

Ich war in de Zwickmiehl, was sollt ich donn jetzt mache? Abber donn habb ich mir gesaat, du bist en ehrliche Mensch un du musst dem jetzt saache, was Sache is, ob de willst odder net. Also habb ich moin gonze Mut sesommegenomme un vor Tausende Zuschauer gesaat: „Mein lieber Johann, mol ganz ehrlich: Wonn ich hier jetzt die Wahrheit ibber den Salat saach, bist du morje doin Job los."

All habbe ohgefonge, se lache. De Johann aach, un ich habb hilfslos do gestonne. Abber donn habbe se dess, was se die gonz Zeit ibber moim Kopp gehalle hatte, e Schild, dess habbe se mir gezeicht un dodruff hott gonz groß gestonne: Der Salat ist total versalzen.

Gott sei Dank bin ich en ehrliche Mensch!

Stellt eich emol vor, ich hätt gesaat: „Ach, Johann, der is ja köstlich, so einen guten Salat habe ich noch nie in meinem Leben zu kosten bekommen. Du bist der Beste." Ich hätt mich blamiert bis uff die Knoche. Un hier kimmt widder dess alte Sprichwort zum Traache. „Ehrlich währt am längste."

Die Fahrt nach Leipzig
odder: E nützliches Geschenk

Petra, moi Freundin aus Bad Neuenahr, eine bekannte Malerin, un ich, mir habbe eine Reise nooch Sachsen gemacht, nooch Leipzig wollte mer. Mir warn mim Zuch unnerwegs, mim Auto war uns dess zu stressich.

Petra is in Leipzig geborn un wollt mir ihre Heimatstadt zeiche. Un ganz ehrlich, ehemaliche DDR, so habb ich gedenkt, no ja, was sollt dess schun soi. Ich sollt mich täusche, gewaltich täusche. Leipzig ist eine tolle Stadt. Ich war hin un weg. Mir hatte e tolles Hotel direkt an de Thomaskerch, also fast im Zentrum, mir warn glücklich. Un da Petra sich ibberall ausgekennt hott, habbe mir Leipzig genosse. Wunderbar is alles restauriert, die alte Haiser, die alte Fabrikolaache, die Kanäle, uff dene merr wunderbare Schifffahrte mache kann. Es hott mer sehr imponiert. Mir hatte sogar noch das Vegnüche in de Thomaskersch ein Konzert vun dem Thomanerchor, der von Johann Sebastian Bach gegründet wurde, zu genieße.

Un die Nikolaikerch, dort wo domols die Mondaachsdemonstratione im Jahr 1989 den Sturz des DDR-Regimes herbeigeführt habbe, alles war sehr interessant. Die Mensche warn freundlich un ich habb mich wohlgefiehlt, Leipzig genosse un war froh, dass mich in Leipzig niemand erkannt hott. Allerdings, als mir in de Buss sin, der mit uns die Stadtrundfahrt mache sollt, rieft jemond: „Helau, guck emol do, e Meenzer Mäddche in Leipzig." Also alles in allem: Leipzig war ein tolles Abenteuer.

Dass die Rückreise mim Zuch von Leipzig nooch Meenz aach e Abenteuer der besonnere Art wern sollte, dass konnte mir jo nicht ahne. Da mir ältere Damen sin, hatte mir uns ein 1. Klasse Ticket geleistet. Uff de Hinfahrt hott dess geklappt, uff de Rickfahrt war dess abber sehr seltsam. Mitten in dem Waggon, hatt mer e Abteil uffgebaut in dem die Mitreisende von de 1. Klasse sitze sollten. Einfach lächerlich. Sechs Persone, wie im Hinkelstall oigeferscht un drumerum normale Mitreisende. Ich konnt es net fasse. Abber mer muss sich monchmol em Schicksal beuche, ob merr will odder net. Als de Zuch endlich ohfährt sin mir erleichtert un lehne uns entspannt serick.

Mit fahrn e Verdelstund, do kimmt e Durchsaache: „Meine Damen und Herren, leider müssen wir ihnen mitteilen, dass es wegen eines Brandes an einem Bahndamm kurz vor Erfurt, zu einer Verzögerung von etwa 30 Minuten kommen wird."

Na, Klasse. War jo klar. Jeder denkt so fer sich: „Wie immer bei de Bahn."

Nooch 10 Minute erneute Durchsaache: „Meine Damen und Herren, wir müssen Ihnen leider mitteilen, dass die Toiletten im ganzen Zug außer Betrieb sind und nicht benutzt werden können. Wir bitten um Ihr Verständnis."

Ich hatt sofort dess Bedürfniss, die Toilette uffzusuche. Ich hatt grad e Fläschje Wasser getrunke. Wie sollen dess gehe? Mir sin 10 Minute vun Leipzig entfern un mir wolle nooch Meenz. Un ältere Mensche, die sin nicht mehr so, also saache mer mol: so dicht. Dess is seelische Grausamkeit mit Körperverletzung. Keine Ahnung, wie dess ausgeht, es könnte feucht wern. Ich bin verzweifelt.

Moi Freundin is älter als ich, abber die hott die Probleme net, die säät: „Mir macht dess nix aus, ich konn mich long beherrsche." Endlich geht's weiter. Ich sitzt verkrampft un guck aach so aus em Fenster. Die Reise konn ich net genieße. Wonn mir on em See vorbeifahrn, werd mir gonz blümerand. Ich bewege mich nicht einen Millimeter.

Nooch drei Stunne sin mir in Meenz. Ich bin so verkrampft, dass ich Probleme beim Uffsteihe habb un Schmerze beim Aussteiche. Ich verabschied mich vun Petra, sie fährt mim nächste Zuch noch Bad Neuenahr und is immer noch gonz entspannt.

Im Meenzer Bahnhof mach ich mich uff die Suche nooch ner Toilette. Ich fin koo, ich kennt flenne. Abber do seh ich vorm Bahnhof de Bus nooch Draas, ich versuch en zu erreiche un es klappt. Widder sitz ich verkrampft im Bus un kennt flenne vor Erleichterung, als ich endlich moi Wohnungsdier uffschließ. Ich sach nur so viel: Ich hatte den Kampf verlorn De Trevi Brunne von Rom war en Rinnsal degeche. Abber ich wohne jo allo, do konnt niemond mit mir schenne.

Obends rieft mich moi Freundin Petra oh: Sie is gut ohkomme, hott sich vun ihrm Monn abhole losse un war dann abber aach sehr froh, dass nix bassiert ist, weil nämlich, so hott se erzählt, in dem Zuch nooch Bad Neuenahr aach alle Toilette kaputt warn.

Ich habb ihr zum Geburtsdaach en zusammenklappbare Plastiktoilette geschenkt un wonn ich Geburtsdaach habb, dann loss ich mir die von ihr schenke. Endlich mol e nützlich Geschenk!

Facebook

Facebook, ja dess muss ich saache,
dut mich in die Welt naustraache.
Sitz ich mal on meim Computer,
der nicht immer grad en „Guter“
geh ich aach zu Facebook hie,
um dort alles mitsekrieh.
Mit Facebook, gebb ich ehrlich zu,
habb ich's gern halt aach se du.
In der einsam, traurich Zeit,
is dess net nur Zeitvertreib.
Naa, es is fer mich viel mehr,
als wonn's en Spaziergang wär.
Merr trifft Leit, von fern, von nah,
merr knüpft Freundschafte sogar,
un merr schreibt sich, schickt sich Grieß,
Ratschläch gibt's, ibber dess un dies.
Un wenn ich ohner leide kann,
bitte ich ihn um Freundschaft dann.
Un daachtächlich, ohne Fraache,
bessert sich die Lebenslaache.
Plötzlich is merr net allo,
un dess macht mich werklich froh.
Nachrichte vun aller Welt,
druff habb ich mich oigestellt.
Jeder gibt vun sich was kund,

monchmol geht es aach mol rund.
Weil merr onnerster halt denkt,
is en Facebookler gekränkt.
Ich nemm's zur Kenntnis, reech mich net uff,
bin bei Facebook meist gut druff.
Schee is es, die Leit zu kenne,
aach die, die es gonze Johr nur schenne.
Mir Mensche sin halt wie mir sin,
de ohne dick, de onner dinn,
de ohne schlau, de onner schlauer,
de ohne froh, de onner sauer.
Bei facebook lern ich so viel kenne,
ohne drauße rumserenne.
Nee, was en Spass, mit e bissje schreibe,
du ich mir gern die Zeit vertreibe.
Es Älterwern fällt net mehr so schwer:
Ich habb jo Facebook, was will ich mehr!!!!?

Moi Meenz

Ich bin e Meenzer Mäddche, in Wissbade geborn.
Der Storch musst beim Ohfluch niese, drum is es halt Wissbade worn.

Doch is mir dess egal grad, ich find aach Wissbade gut.
Doch wonn ich uff moi Herz heer, Meenz lieht mer mehr im Blut.

Hier kann ich ofach Mensch soi, hier sin die Leit normal,
brauch net's Madamche mache, in Meenz is dess egal.

Drum als ich dess begriffe, gab dess mer fer's Leben Mut,
will nirgends onnerst lebe, in Meenz gefällt merr's gut.

Die Stadt is voller Sonne, selbst wonn se mol net scheint,
die Meenzer sin meist gut gelaunt, aach wonn de Himmel weint.

Un dets grad net so basse, verliern se net de Mut,
mit ‚Heile, Heile, Gänsje' werd alles widder gut.

Meenz, du bist moi Herzensstadt,
die mir so viel zu biete hat.

Moi Hoffnung biste, Zuversicht:
Was wär ich, Meenz, nur ohne dich!

Dorch all doi Gässjer weht en Wind,
der so e Leichtichkeit mitbringt.

In dunkle Ecke kichert's leise,
uff so e gonz besonder Weise.

Un wonn's Konfetti vum Himmel schneit,
do mache sich alle Narre bereit.

Un schunkele die Sterne in dunkler Nacht
mim Mond, donn is endlich Fassenacht!

Vum Rhoi weht stets en frische Wind,
mol longsom un, mol gonz geschwind,

treibt mit de Leit soin Schabernack,
so moncher verliert soin Hut, soi Kapp.

Un uff em Markt, die große Scherm,
die eiert er besonders gern,

die Markweiber kreische: „Die Kränk soll er kriehe!"
wonn ihne de Scherm noch fort dut fliehe.

Doch nimmt merr's halt, so wie es is,
weil dess halt net zu ännern is.

De Dom, dess is moin Favorit, soi Größ is imposant.
Er steht am Rhoi, ibber 1000 Jahr, is ibberall bekannt.

St. Martin sieht merr uff seinem Gaul, gonz obbe uff em Dach.
Do steht er still, doch waad mol ab, wenn's dunkel is un Nacht.

Do trifft er sich mim Gutenberch, mit Schiller am Schillerplatz.
Do losse se die Wutz eraus, do mache die Rabbatz.

De Domsgickel, der konn net krähe, doch macht er gern de Dicke,
er stellt soin Kamm, dut aus luftiger Heeh stolz ibber soi Meenz blicke.

Un zieht de Rosemondaachszuuch mit viel Gedöns vorbei,
do dreht der dorch vor lauter Spass un leht e golden Ei.

Un als die Römer hier gelebt, war dene aach schun klar,
dass ihr Stadt Moguntia, was gonz Besondres war.

Theater, Schiffe, Säule, voll Pracht war jedes Haus,
un wer net richtich spurte, der flooch zum Tempel naus.

Un aach de kloo Napoleon, vom Stamme Bonapart,
der fand die Stadt – cosmopolite –, gonz wunderbar, apart.

Zwar war en kloone Zwockel er, so groß wie en Stehtisch nur,
doch hinnerließ er, sprachlich, kulturell, in Meenz so monche Spur.

Ach Meenz, bei dir bin ich dehaam, will nirgends onnerst soi,
in deine Gasse werd es Herz mir warm, ich bleib derr immer treu.

Doi Leichtichkeit, doi Fröhlichkeit un aach doi Ehrlichkeit,
sin en Garant fer Lebenslust, zu jeder Jahreszeit.

Du ziehst die Mensche in dein Bann, bist weltoffe, modern.
Drum ruf ich's in die Welt enaus, moi Meenz, ich habb dich jo soooo gern.

Pilmeroth

Pilmeroth lieht im Hunsrick. E kloo Örtche, wo es nur oh Zufahrtsstroß gibt, do fährt merr nin un do muss merr aach widder rausfahrn, weil es do koo onnner Ausfahrt gibt. Pilmeroth is de Geburtsort vun moiner Mudder. E kloo Dörfche im Hunsrick, hatt zur Zeit vun moiner Großmudder Emma so etwa 70 Oiwohner. Mir warn sogar emol dort un habbe uns dess alles ohgeguckt. Es gab net viel se sehe. Mir hatte gehofft, es Haus vun de Großmudder zu finde. Abber es war net mehr do. Heit lebe laut Wikipedia so etwa 40 bis 50 Oiwohner in Pilmeroth. Die Landschaft lädt zum Erhole oi. Un dess Gefiehl, dass hier moi Großmutter un moi Urgroßmutter gelebt habbe, dess hott mich schon beriehrt. In Gedonke habb ich moi Mudder als Kind mit ihrm Bruder Fritz, rumlaafe gesehe. Habb on die Oma Emma gedenkt, die mit 29 Jahr schun sterbe musst. Sie hat Rheuma un sollt domols zur Behandlung bei de Professor Sauerbruch komme. Abber dess hott se net mehr geschafft. Un ich habb die Uroma Katharine vor mir gesehe, wie se mit ihrer Kiepe uff em Ricke in die Stadt is un dort ihr Ware verkaaft hott.

Also Pilmeroth ging mir nie aus em Kopp. Un wenn ich Leit aus em Hunsrick kennegelernt habb, war moi erst Frooch: „Kenne Sie Pilmeroth?“ Niemond hott

Pilmeroth gekennt Sogar als ich e Lesung im Hunsrick hatt, niemond kennt Pilmeroth. Abber ich habb nie uffgebbe. Viele, viele Jahre net. Hunsrick, Pilmeroth, dess hott sich tief in moi Herz gebrennt. Ich kam net devun los.

Vor 3 Jahr war ich oigelade beim Karl-Heinz, en alte Freund von mir, zum 70zigste. Mir wurde freudich begrüßt, alte Bekannte un einige Fremde kame zum Feiern. Dann habbe mir uns uff die Plätz gesetzt. Alles war gut. Mir gecheibber sitzt en Mann, de Edgar Schmidt, un mir kame ins Gespräch. Ich habb sofort on soim Gebabbel gemerkt, dess is koon Meenzer. Mir habbe uns gut unnerhalle un donn erzählt er mir, er wär jo ursprünglich aus em Hunsrick. Hunsrick, Pilmeroth, ich war hellwach. Ich frooch en sofort: „Hunsrick, kenne Sie zufällich Pilmeroth"? Un donn bassiert dess, uff dess ich so viele Jahre gehofft hatt. E schläht mit de Händ uff de Disch un fräht e bissje entgeistert: "Pilmeroth, Sie kenne Pilmeroth?" Mir werd es gonz warm ums Herz un mir kame fast die Träne. „Wieso, saache Se bloß, Sie kenne Pilmeroth?"

„Ich kenn Pilmeroth, ich bin im Ort nebbedro groß worn. In Emmeroth."

Ich war so ergriffe, ich war helluff begeistert. Endlich habb ich jemand gefunne, der Pilmeroth kennt. Ich konnt es net fasse. Un donn kam noch eraus, dass mir wahrscheinlich noch verwandt sin. Moi Großmudder Katharina Ochs, dess kennt e Schwester vun seim Uropa gewese soi. Ich konnt es net glaabe. Endlich hott sich moin Traum erfüllt. Ich war dankbar.

Disjahr fuhr ich sesammen mim Edgar nach Kleinich, e kloo Städtche, gleich in de Nähe vun Pilmeroth, zum Strooßefest. Zum Kaffee warn mir bei seinem Bruder oigelade. Sehr nette Leute, dann ginge mir in die Kerch und habbe dort e sehr gelungenes Konzert ohgeheert und onschließend ging's zur Eröffnung vom Strooßefest. Die Eröffnung war schon im Gang, ich war froh, dass mich niemand erkannt hott, so dachte ich, aber dess war falsch gedacht. Plötzlich steht en Bekannte vom Edgar bei uns und fräht, ob ich net ebbes zur Eröffnung vun dem Strooßefest beitraache kennt.

Ich: „Also, ei ja, abber ich will mich do net uffdränge." Der Bekannte geht zum Borjemooster und informiert den. Der kimmt zu mir un will mich vor einer Blamage bewahrn: „Ei, die Leit wärn jo schun so long om zuheern un wer waaß, ob die noch Lust hätte, mir zuzuheern."

„Ei ja, ich muss jo net."

Abber, ob ich es trotzdem versuche wollt? Ich muss grinse. De Borjemooster, der hott jo werklich koo Ahnung vun em Meenzer Mäddche, dessen Vorfahrn vun Pilmeroth sin. Net die geringst. Ich wusst aach sofort, was ich mache. Ich hatt jo die Geschicht, die ich ibber die 55 jährich Suche noch Leit, die Pilmeroth kenne, uffgeschribbe un die hatt ich debei, weil ich die em Edgar soiner Schwächerin schenke wollt un die Geschicht, die hott aach gebasst wie die Faust uff's Aache. Ich habb se vorgelese. Ich konnte die Sympathie von allen Zuhörer spiern. Un es hott mich so glicklich gemacht, dass se all so positiv reagiert habbe. Ich fand es so Klasse un den Daach, den vergess ich net. Un ich glaab, wonn moi Großmudder, die Emma Meisenheimer geborne Ochs un moi Urgroßmudder, die Katharina Ochs aus Pilmeroth, dess gewisst hätte, die wärn bestimmt e bissje stolz uff mich gewese.

Un irgendwonn fahr ich widder nooch Pilmeroth, geh uff de Friedhof in Kleinich, wo die Emma un die Katharina ihr letzt Ruh gefunne habbe un dann schließ ich Pilmeroth in moi Herz oi un werf de Schlissel fort. Un irgendwie habb ich dess Gefiehl, im Hunsrick e Stickche Heimat gefunne zu habbe.

Romeo und Julia uff Rhoihessisch

Romeo, Sohn eines Finther Spargelbauern, liebt Julia, die Tochter eines Draiser Apfelplantagen-Besitzers.

Romeo steht unter ihrem Balkon:
Julche, du moin Augenschmaus, ach Julche,
ich halts net mehr aus!
Moin Wonneproppe, loss dich sehe,
vor Sehnsucht du ich grad vergehe.
Dess Julche is moin gonzes Glick,
dess macht mich gonz un gar verrickt!
Ihr Körperche, so gut gebaut,
sie hott so eine glatte Haut,
ihr Haar gonz wallend und so zart,
und donn ihrn kloone Damenbart,
und dieser Busen, eine Wonne.
Und wiegt sie fast auch eine Tonne,
jed Pfündche liebe ich on ihr,
sie ist die Liebste uff Erden mir.
Acht Bauplätz nennt sie in Draas ihr eiche,
die dut sie manchesmal mir zeiche.
Drum will ich endlich sie besitze,
weil mir die Bauplätz sunst nix nitze.

Julche, Julche. Sie heert mich net, dess wilde Weib,
vielleicht hott se heit aach koo Zeit,
doch will ich es nochmol probiern,
konn fer Erfolg nicht garandiern.
Doch sprech ich gleich zu ihr vom Esse,
dann kimmt se schon, weil sie verfresse.
E Zuckermäulche is sie fürwahr,
kein annerer is fer mich e Gefahr.
Nur Esse hott dess Mensch im Sinn,
drum hott se aach e Doppelkinn.
Jedoch, dess muss ich werklich saache,
sie dut's mit Charm und Würde draache.
Genuch geschwätzt, ich will sie locke,
mit Handkäs, dorch, und halbe Schoppe,
Will ich nach Finthe sie entführn,
dort kann mit Freuden sie dinieren,
schmeckt dann dess Essen diesem Weib,
schenkt sie heut Nacht mir ihren Leib.

Julia:
Was heer ich da, was habb ich vernomme?
Is do grad jemond angekomme?
Un sprach er net von Hondkäs, Woi?
Och, s'werd widdermol de Romeo soi.
Der waaß genau: Bei gudem Esse,
du ich die Etikett vergesse.
Un riech ich Handkäs, werr ich wild:
Der Kerl führt sicher was im Schild.

Nun denn, ich will mich huldvoll zeiche,
vor Sehnsucht soll der Kerl erbleiche.
Un zeich ich ihm die Schulter, die kalte,
dann kann der nicht mehr on sich halte.

Julia betritt den Balkon
Ist es die Nachtigall odder die Lerche?
Ruft sie vun Finthe odder dem Lerchenberche?
Mir düngt, s'riecht widder nooch Kompost.
Geruchlich kommt es von Nord-Ost.
Von Wackernheim, waaß jedes Kind,
von der Kompostanlage weht ein übler Wind.

Romeo singt:
Schöne Maid, habbt ihr heut für mich Zeit

Julia:
Was hören meiner Ohren Knöchel?
Ist es Gesang oder gar grausiges Geröchel?
Wer do? So sprecht! Wer jammert dort,
an diesem fürwahr finstren Ort.
Ist ihm gar übel, oder sind es Sehnsuchtstöne,
die ich als Brunftschrei gar hier wähne?
So sprecht! Gebt euer Dasein mir jetzt kund,
sonst schick ich unsern Schäferhund.

Romeo:

Verzeiht, dass ihr misst uff mich waade,
ich war dort hinne in dem Gaarde,
un pflückte diese Blume hier,
zu eurer Freude und Blessier.

Julia:

Was wollt ihr? Sprecht, ihr derrer Hecht.
Wollt ihr mich widder hier umgarne,
un dut als Liebender euch tarne?
Dess dut eich gar nix nitze heit:
Ich waaß ibber eich genau Bescheid.
Ein Finther seid ihr, nicht vornehmster Art,
habbt wenig Geld un nix gespart.
Un dete mir Draaser net ab un zu e volle
Dos Lebberworscht de Berch nunnerrolle,
dann würdet ihr Finther ohne Fraache,
kein Grämmche Fett om Körperche traache.
Gott, welch ein Jammer! Guckt eich doch oh:
On eich is werklich gar nix dro.

Romeo:

Dess is gar arg, was ihr do sprecht.
Jedoch in dem Fall gebb ich eich recht,
mir fehlt es wahrhaft gar an Masse,
mir Finther sin e derre Rasse.
Uns fehlt es halt oft an Volume,
doch nemmt jetzt hier endlich die Blume

un schaut nicht länger finster drein,
ich lad euch aach zum Esse ein.
Jetzt kommt und reicht mir eure Hand,
die einst das Schicksal mit mir verband.
Lasst mich zum Schlemmen euch entführn
un nachher dann, nach dem Dinieren,
dann nemmt mich mit in eure Kammer,
wenn nicht, wär es fürwahr ein Jammer.
Lasst uns die Nacht mit spielen dort verbringe,
ich lass die Laute hell erklinge,
und singe an eurer vollen Brust,
ein Lied von Leidenschaft und Lust,
und wenn ihr wollt, gehör ich euch,
ich bin auch still, mach kein Geräusch.

Julia:
Dess glaub ich gern, ihr Lustesmolch!
Doch traach ich on meinem Leib en Dolch,
mit dem halt ich eich vun mir fern,
weil ich net gern verkratzt dun wern,
vun eurer Knochen spitzen Enden,
un von de Knöcheln an euren Händen.
Un außerdem is eines klar:
Ich werd niemols eure Fraa.
Weil domols in de Gruft,
do habbt ihr aach gebluff.
Erst nahmt ihr mich, dann nahm ich Gift,
un wen das Schicksal so hart trifft,

der gibt net viel uff Männerblabla!
Un außerdem: Moin Herr Papa,
der recht sich immer furchtbar uff,
steiht ihr uff den Balkon eruff.
Weil ihr nicht reich, an Geist und Geld,
habbt nix gesehe vun de Welt,
habbt wenich Flöhe, keine Monete,
bei so was geht die Lieb meist flöte.
Gott sei Dank hatt selemols ich gut diniert,
sonst wär ich dot heit garandiert.
Ich aß vom Schweinchen allerlei,
dazu gabs noch Kartoffelbrei,
un gelbe Rüben, deliziös,
dann aß ich noch en Spundekäs,
Gott sei Dank kann ich nur saache,
sonst hätt dess Gift ich schlecht vertraache.

Romeo:
Gott, ich erinnre mich noch dumpf,
mein Messer, dess war domols stumpf.
Der Schreck ließ mir die Sinne schwinde,
s'war domals doch, nahe bei Finthe,
dort steht die Gruft von unsre Ahne,
wo's Schicksal lenkte unsere Bahne.
Un gab dess Lebe uns zurick,
fer uns war es fürwahr ein Glick.
Sonst würd als Skelett ich vor eich stehe,
und wollte mit eich heit esse gehe.

Und würde einen Wein ich trinke,
dann würde dess mir furchtbar stinke:
Bei jedem Schluck bräucht ich en Lappe,
weil's mim Trinke net mehr det klappe.

Julia:
Erzählt mir hier net so en Stuss,
spitzt nicht die Lippen mir zum Kuss.
Ich will eich net, ihr Finther Bittel,
ich glaab, eich brennt fürwahr de Kittel.
Un außerdem mach ich Diät,
wie ihr an meinem Leib ja seht.
Aber en Handkäs hott jo wenich Kalorie,
den kennt ich noch ennuner kriehe.

Romeo:
Genug geschwätzt, mir misse gehe,
ich kann hier nicht mehr länger stehe,
weil meine Krampfesadern schmerze,
ein Stoß gebt endlich eurem Herze!
Julche, ihr moi einzich Wonne,
ihr meines Lebens warme Sonne,
wie oft soll ich es euch noch saache:
Die Liebe geht nicht nur durch de Maache.
Doch lad ich euch zum Handkäs oi,
un zu nem gute Schoppe Woi.
So steigt herab, wir gehen diniern,
so kommt, dut euch doch nicht scheniern.

Los springt mir munter in den Arm,
ich fang euch uff, wenn ich es kann.
Und macht noch meine Stute mit,
dann reite mir zum Babbelnit,
in Finthe mache mir ne Sause,
dort dun mit Wonne mir dann schmause.

Julia:
En Handkäse, gut, ich lass mich erweiche,
dut mir zum Sprung die Hand jetzt reiche,
freiwillich geh ich mit eich mit,
un spring darum ob eurer Bitt,
von des Balkons gefährlicher Höhe,
zu eich hinab, donn kenne mir gehe.
Doch eines muss ich eich noch saache:
Eiern Klepper kann mich net nach Finthe traache,
bis mir mit dem in Finthe sin,
do is der arme Gaul ja hin.
En Haflinger, der wär mir recht,
wonn der mich donn nooch Finthe brecht.

Romeo:
So sei's, jetzt springt, ich fang eich uff,
jedoch springt jo net uff mich druff!
Denn bin ich platt wie eine Flunder,
werr ich so schnell nicht wieder munter.

Julia:
Jetzt fangt erst auf das Täschchen mein,
ich habb da was zum Essen drein,
weil krieh ich Hunger uff dem Ritt,
habb ich noch einen Plunder mit.

Julia springt, sie springt auf Romeo.
Romeo liegt auf dem Boden.

Julia:
Der is dahin, der Kerl is dot,
der isst koon Handkäs mehr, koo Brot.
Die Sache mit dem Abendesse,
die kann für heit ich grad vergesse.
Mein Gott, die Finther ohne Fraache,
die kenne noch net mol e Täschchen traache!
Doch halt, hör ich hier nicht Geröchel?
Zuckt nicht sein Fuß an seinem Knöchel?
Er lebt, vorbei ist aller Jammer,
den schlepp ich jetzt in meine Kammer,
dann pflech ich mir den Kerl gesund,
ich habb fürwahr ja aach en Grund.
In meine Adern pulsiert Rache,
der Kerl hat nix mehr dann zum Lache:
Weil, ich spring jeden Daach dann munter,
vun dem Balkon uff einen Finther runter.

De richdiche Woi

De Abbo, dess is en Finther un de Abbo is dort aach sehr bekannt. Was er beruflich gemacht hott, waaß ich net. Ich waaß nur, dass er nebbeher fer die AZ geschribbe hott. Mich hott er frieher aach alsmol interviut, so habbe mir uns kennegelernt. Er war immer sehr freundlich un mir habbe uns gefreit, wonn mir uns gesehe habbe. Er is jetzt mittlerweile ibber 90, abber er wär noch gut beinonner.

Gestern war ich mit nerr Bekannte ohner trinke, also en gespritzte Appelsaft, un mir habbe in guter Gesellschaft gesesse un uns gut unnerhalle. Un da moin Sitznochber aus Finthe war, kame mir irgendwie uff de Abbo. Un do hott merr moin Tischnochber e Geschicht erzählt, die musst ich mir unbedingt merke und deshalb habb ich se gleich om nächste Morje schnell uffgeschribbe, damit ich se nur net vergesse du.

Also de Abbo kam on Fassenacht jedes Jahr aach bei die Finther Radfahrer. Die mache wunderbare Fassenachtssitzunge, do is immer de Deibel los un so gab es fer de Abbo was zu berichte. Wonn er kam, hott er sich on de Disch gesetzt. Die Bedienung kam, hott en freundlich gefroht was er trinke will un er hott sich en Woi bestellt. „Mädche, du waaßt schun, deselbe wie immer.“ Die Bedienung bringt em de Woi, un er soll en sich schmecke losse. De Abbo hott om Woi genippt, die Bedienung serickgerufe un ihr gesaat, dess wär net der Woi, den er immer trinke det, sie soll ihm den bringe, den er sunst aach krieht hätt.

Die Bedienung hott nix gesaat. Sie hott dess Glas Woi widder mitgenomme. Is gonz longsom mit em Glas, wo der falsche Woi drin war, an die Theke gelaafe, um die Theke erum un is ohne de Woi se wechsele, widder zum Abbo on de Disch un serviert em de Woi, widder de falsche Woi. De Abbo probiert de Woi un saat: „Siehste, Mäddche, dess is jetzt de richdiche! So habb ich en gern." Er hott noch en Schluck getrunke, soin richtiche Woi sehr genosse. un gesaat: „No also, es geht doch."

Un wie er nooch de Sitzung haam is, do hott er zu soiner Fraa gesaat: „Schatz, die Sitzung war Klasse! Abber ich war aach widder gut. Ich habb se widder mim falsche Woi drokrieht."

Un hier kann ich nur saache: Es Lebe schreibt die scheenste Geschichte.

Die Mumie

Ich war Schirmherrin fer e Ausstellung in einem bekannte rheinlandpfälziche Dorf. Den Name will ich jetzt hier nicht nenne, dess könnte zu Verwicklunge führn. Also, wie erwähnt, Schirmherrin. Ich war stolz. Weil das war ich noch nie. Ich habb halt nur so im Fernseh immer mitkrieht, wie dess do vor sich geht. Wonn de Bundespräsident dorch die Halle ging un do habb ich gedenkt, dess mach ich aach.

Ich hatt jo den Termin un die genaue Uhrzeit un ich war pinktlich zur Stell. Ich wurde uff die Bühn geführt, die Leit habbe geklatscht un ich habb nur gedenkt, wonn dess moin Mama un moin Baba sehe kennte, was dete die do so saache. Also, de Empfang war freundlich, ich habb mich bedankt fer die Ehre weche dere Schirmherrschaft un habb meines Amtes gewaltet odder so.

Uff de Biehn selbst habbe die modernste Elektrogrills rumgestonne, mit bekannte Name. Fer die wurd kräftich die Werbetrommel gedreht. Mir habbe se gesaat, sie dete jetzt extra fer mich e Hähnche grille un ich derft dess, wonn es fertich war, probiern un moi Meinung dezu äußern. Alla gut. Dess Hähnche wurde uff so en Uffsatz gestülpt. hott mim Bobbes noch obbe gestonne. De Deckel druff. Jetzt hott es sich longsom gedreht un sollt donn ofonge se bruzzele. Mim Borjemooster un noch e paar Männer vum Gemeinderat habb ich donn moi Runde dorch die Ausstellung gedreht. Habb mich fer alles interessiert un mit jedem Betreiber e paar Worte gewechselt un es war sehr interessont, was do ausgestellt wurde un sehr unnerhaltsam.

Noch so nerr Stund etwa war de Rundgong beendet. Mir sollte jetzt widder uff die Biehn, es Hähnche wär fertich un ich sollt es probiern. Also ich habb dess jo gern gemacht. Hähnche ess ich eichentlich gern. Un aach noch uff so em tolle, moderne Grill gegrillt, also dess muss jo einmalich im Geschmack soi. Tja un donn habbe se de Deckel ibber dem Hähnche entfernt un do hott's gestonne. Braun. Wie eine braune Laterne. Soin Kerper war in sich zusommegesackt, nur die Haut hott frei um dess Hähnche erum gestonne. Moin erster Gedonke: Dess is e Mumie. Dess is e Hähnche-Mumie. Dess sieht aus wie e Grabbeigabe vom Tutenchamun. Un mir sin Ägypten un die Pyramide oigefalle.

Die Haut war nett knusprisch, dess arme Hähnche hott do gestonne, als wonn's oibalsamiert worn wär. Braun, dot, koo Spur vun Saft, koo Fett. Un donn durft ich es, musst ich es probiern. Un ich konnt jo nett saache: „Heern Se mol, dess Hähnche habbe se jo zur Mumie gegrillt, dess is, so det merr bei uns saache: Dess is jo forztrocke."

Das ging net, diese Bemerkung hätt mich in de

Knast bringe könne. Un so habb ich gelooche, was es Zeich hält: „Ach, wie gut! So en Grill det ich merr aach wünsche un uff so em Grill, dete sich alle Hähncher gern grille losse!“

Saftich wär's un knusprisch un ich habb debei gonz fasziniert uff die Hähnchemumie geguckt. Die Wissenschaft hott sich geerrt, die Leiche in Ägypten sin net oiballsamiert worn, die sin gegrillt worn. Also ich war irritiert. Habb abber moi Bestes gebbe un des Hähnche un de Grill in de Himmel gelobt.

Jetzt is die Sach abber die: Wonn ich lieh, donn sieht merr mir dess oh. Un so denk ich: Merr konnt mir die Wahrheit doch on moim Gesicht ablese.

Ich habb dess Hähnche nie vergesse. Ich seh's noch wie's do gestonne hott. Die Haut nebberm Kerper. So en Grill habb ich net kaaft, ich hätt jo Prozente krieht, abber naa, do is merr moin Backofe lieber, do drinn is noch nie e Hähnche zur Mumie worn.

Dicke Lippe

Dicke Lippe, stramm un schee,
dete de Fraue sehr gut steh.

Un so ließ ich, ohne Witze,
mir dess Botox emol spritze.

Lippe, wie en Autoreife, obbe, unne, ohne Zweifel,
mache stolz, die mache schee,
wunderbar dut mir dess steh.

Bin donn haam, mit dicke Lippe,
ignorierte manche Blicke,
fand mich schee jetzt im Gesicht,
dicke Lippe mache frisch.

Komm ich haam dann voller Stolz,
Oma, noch aus altem Holz,
säät: „Du Hilde, mol eine Fraache,
hott dir jemond uffs Maul gehaache?"

Tattuu

Mein Enkel kam vor Wochen haam
un zeicht mir voller Stolz soin Arm.
„Hier, Oma“, säät er mir sodann,
„guck dir mol mein Tattuu hier an.

Dess is beliebt bei alt un jung.
So ein Tattuu, bringt dich in Schwung.“
Ich denk: Der Bub, dess is doch krank,
gleicht em bemoolte Bauernschrank.

Nur anstatt Blumme Doodekepp
un Drache, Sterne, Silberknepp,
un ibberallem scheint die Sunn,
un Fledermäus fliehn drumerum.

Ich lächle ihn dann freundlich oh:
„Och ja, moin Bub, do bin ich froh,
ich dacht jo, du begreifst dess nie.
Jetzt guck mol her, ja, guck nur hie,
was ich dir zeiche will sogleich,
dess is fer mich es Himmelreich.“

Ich hob moi Hemd gonz korz nur oh.
Do stand er ganz bedebbert do.

Was er gesehe, ohne Fraache,
verschluch ihm erst emol die Sprache.
Was war donn dess? Er muss erst schlucke,
als er moi Kunstwerk dut begucke.

Die Aache reißt er gonz weit uff.
„Du, Oma, dess is doch en Bluff,
was ich uff deinem Kerper sehe,
dess is fantastisch, wunderschee.

Wer hott dess Thema ausgewählt
un hott der Stecher dich gequält?“

„Ich wollt“, so du ich zu ihm saache,
„was Eichenes fer moi alte Daache.
Drum machte ich koo große Posse,
habb dess Tattuu mir steche losse.

Weil Platz fer's Thema war jo do,
doch wie's donn rum war, war ich froh.
Ich wusst jo net, wie mir geschieht:
Wie es is, wonn merr unner de Nähmaschine lieht.

Doch geh ich obends donn ins Bett,
donn find ich dess so cool, so nett,
wonn ich ohne nix, vor dem Spiechel stehe,
um dess Tattuu mir ohsesehe.

Im Kreis dreh ich mich langsam dann,
jetzt fängt's Tattuu zu lebe an.
Ich heer es Ritzambo erklinge,
heer aach die Hofsänger laut singe,
geschunkelt werd, die Musik spielt,
merr werft aach Bombos jetzt „gezielt".

Die Gail, die Äppel konn ich rieche,
heer, wie Helau werd laut gekrische,
die Waache fahrn, die Gaade laafe,
die Leit noch Zuuchplaketcher kaafe,
Luftschlonge fliehe dorch die Luft,
ich riech de Rosemondaachsduft.

De Dom, der wackelt, die Margit singt,
de Bajazz soi Laterne schwingt.
Un alle donze uff de Gass
un habbe bei dem Umzuuch Spass.
Un jenoochdem, wie ich mich dreh,
de Zuuch mol langsam, schnell dut geh."

Moin Enkel, der kann es net fasse:
„Du host derr de Rosemondaachszuuch tätowiern lasse!"
Donn drickt er mich, gibt mir en Kuss.
Säät: „Oma, ich habb's jo gewusst,
du bist die Beste uff de Welt, gonz ohne Fraache,
un die onzich, die de Rosemondaachszuuch als Tattuu
dut traache."

Uff Meenzerisch

Diese Geschichte habe ich für ein Referat bei der Volkshochschule Mainz geschrieben. Es geht hierbei um alte Mainzer Mundart-Wörter, die viele schon gar nicht mehr kennen, die man aber nicht vergessen sollte. Die erfundene Geschichte spielt Anfang des 20. Jahrhunderts. Die Familie wohnt in Mainz in der Nähe vom Fischtor.

Vum Karlche

„Momme, du, wieviel Kerbegeld krieh ich eichentlich", fräht es Karlche, während er eifrich in soiner Noos bohrt un nooch em Butzebebbel (Nasenpopel) sucht.

Die Mudder heet em leicht geche de Waddel (Kopf) un sääť: „Nemm de Finger aus de Noos, sunst bricht er derr noch ab." Un donn riehrt se widder im Dippe erum. Sie muss viel riehrn heit, sie macht Lattwersch. Dofer wern die Quetsche so long gekocht un geriehrt, bis die Mudder un die Quetsche gonz rommdesisch (wie betäubt) sin. Es Karlche steert sich net on de Mudder un bohrt weider. „Du waaßt genau, des hängt devun ab, wieviel doin Vadder in de Lohndut hott", sääť die Mudder. „Un en Kohleträcher bringt net viel mit haam. Merr braucht aach merr Wassergeld bis merr den Kohledreck widder vum Vadder runnergebeerscht hott un er widder einichermaße sauber is."

De Karl zieht e Bombelschnut (hängende Lippe), er geht uff die Dier zu, greift nooch de Dierschlink un macht die laut gaagsend Dier uff un geht enaus. Donn rieft er schun fast uff de Gass de Mudder zu: „Ich geh emol zum Pedder (Pate) un em Geedsche (Patin) un frooch do mol nooch. Vielleicht kenne die mir e bissje Kerbegeld lehne."

„Waach dich, du Lausert, du vermaledeiter! Solle donn alle Leit wisse, dass bei uns de Zaster net so dick uff em Disch leiht? Um fer e paar Runde mit de Reitschul se fahrn werd's schun longe."

„Det's aach noch fer e paar Gutzjer un Lakritz longe?"

Die Mutter nickt un donn seet se: „Komm mol do her." Sie seufzt. „Saache mol, du klooner Lausert, (Lausbub) wie bist du donn widder gemoschtert (angezogen). Setz mol doi Kapp richdich uff doin Stiftekopp, sunst gibt's oh in die Onk (Genick). Hoste aach e Rotzfohn oigesteckt?"

Es Karlche nockelt mim Berzel (Kopf).

„Ach, bevor de spiele gehst, du musst merr noch zum Katzuff (Metzger). Sääst du hättst gern fer die Katz fer e Mark, Worschtzibbel, abber ohne Blunz, die isst de Baba net. Gott sei Donk is doin Vadder net so schneeggelisch (wählerich), no ja, merr kenne es uns ja aach net erlaube."

„Mudder", fräht es Karlche, „was gibt's en heit Obend zum Essen?"

Die Mudder lacht: „Heit Obend gibt's Hunsferzjer mit Klickerwasser."

„Ei dess hott's doch erst gestern gebbe!"

Seet die Mudder: „Ja, ich habb jo aach vor zwaa Dach vorgekocht."

Sie lache alle zwaa. „Ach, Karlche, was soll's donn bei so arme Leit wie mir es sin obends gebbe? Heit Obend gibt es Quellkartoffele mit Dupp Dupp (Quark) un morje Zippelsalat mit Gereestene (Geröstete Kartoffeln).Hier do lieht en Mark fuchzich, du se in doin Hosesäckel un verlier se nur net. Un saach de Fraa vum Katzuff en recht liebe Gruß vun mir. Ich konn die zwar net leide, die alt Muck, abber e bissje Sießholz raspele, dess dut vielleicht die Portione vergreeßern. Hoste alles verstonne, odder soll ich es derr nochmol verklickern? Ach, un wonn de beim Knadscher (Bäcker) vorbeikimmst, do frähst en, ob er noch e Vierpünder-Brot vun gestern hott."

Es Karlche schnappt sich widderwillich die Meggeldasch (Markttasche) un macht sich maulend uff de Wech. Er heert noch wie die Mudder ihm noochkreischt: „Hall dich grad un laafe net so schepp un bass uff un tret mer nur net in en Hunds- odder Gailskniddel. Apropo Gailskniddel: Wie wär's donn, wonn de fer die Kerb Geilskniddel sommele dust un se on die Gärtnerei, hinne on de Vilzbach verkaafe dest, do kennste derr e paar Penning verdiene. Do häste was uff de Kont,(Kante, gespart) wonn die Kerb kimmt."

Es Karlche denkt im Traum net dro, sich mit so em Gailskniddel absegebbe. Do misst er e Karrnche ziehe, sich e Schaufel besorje, sich bicke, scheppe un schwitze un um en erum det's rieche, als wonn gonz Meenz en Bumbes gelosse hätt.

Er schittelt de Kopp un denkt: Dass die immer so e Gedeens (Aufheben) mache muss, un macht sich aus em Staab.

Er rennt dorch die Gasse, rennt beinah e Kinnerschees um, em Bobbelche fällt es Nuddelfläsche aus de Händcher un es kreischt erschrocke los. Dess krieht ausgerechnet de Verdelsbutze mit, der gauzt en oh: „Karl, du vermaledeiter (verfluchter) Nichtsnutz, du Dormel (schwächlich), wie oft soll ich derr noch predische,dass merr aach im Stroßeverkehr uffbasse muss. Noch omol, do haa ich der geche doin Grindkopp (Kopf) un du kriehst vun mir e Proddsche (Anzeige). Odder besser noch: Ich steck dich mol acht Daach ins Bollesje (Gefängnis), do hocke aach so Bittel wie du!"

Em Karlche werd es gonz blümerand. Er macht jetzt kloone Schritt un versucht longsomer se laafe. Do sieht er uff de onner Stroßeseit de Erwin, der hott em die letzt Woch die Knibbel gebbe. Nur weil erm en Backstoo in de Ronze geleht hott. No ja, do habbe se sich geknibbelt un de Karl hott em Erwin geche de Griebehals gehaa un jetzt lääft's net so rund. Eichentlich hott er mit dem immer gern gespielt; om liebste habbe se Schellekoppe gemacht. Er macht sich kloo un hofft, dass de Erwin en net sieht.

Groß is de Karl net, er is e Schminzje (etwas zartgebaut), abber en Ängstschisser is er net. Abber heit hott er koo Zeit fer e Keilerei und er duckt sich un schleicht sich fort. Er lääft beinah om Knadscher vorbei, doch Gott sei Donk fällt em noch die Sach oi, weche dem Vierpünder alt Brot. De Knadscher is en Wullewatz vun em Monn. Riesisch groß un dick. Er hott en große schwarze Schnorres un en riesische Wompe (Bauch) un e Atzel (Perücke) hott er uff. Er denkt, niemond det es wisse, abber die Leit sin jo net bleed. Sie denke: „No ja, koo Haarn uff em Kopp, koo Haarn in de Buttercrem." Soi Klamotte hätte aach mol widder Kernsaafe odder Persil needisch, die sin gonz schee schnuddelisch.

De Knadscher konn im Moment nix saache, er hott de Schlickse. Es dauert e Zeit, bis er widder Ruh hott un de Schlicks vorbei is. Uff de Thek steht e Glas mit Bombos, goldene mit Schokeladefillung. E paar Grimmele liehe nebbe dro un es Karlche denkt so fer sich, die Mudder det jetzt saache: Dunnerkeil, hier konn merr sogar in de Krimmele suche. Un donn sieht er die Mohrnkepp, die lache ihn so freundlich oh, er lacht net serick, weil er waaß, jeder Gedonke in Richtung Mohrnkepp is umsunst.

De Karl fräht nooch em Vierpünder-Brot vun gestern. De Knadscher verdreht die Aache, abber er gibt em en Vierpünder. Es Karlche beschließt, ohschreibe se losse, do hätt er e bissche mehr Kerbegeld. Was die Mudder dodevun hält, is em worscht, abber vielleicht kimmt se'm jo gar net uff die Schlich.

Er macht sich jetzt uff de Wech zum Katzuff. Renne geht net, weil die Meggeldasch is jetzt schwerer. Also schlendert er entspannt vor sich hiepeifend uff em Trottwar entlong, oh Boo uff em Trottwar, ohns uff de Gass. Pletzlich stolpert er ibber en Odau (Gullideckel) un landet uff soim derre Bobbes un er heert die Engel im Himmel Hallelulja singe, so Schmerze hott er. Er is stinkich. Jetzt werd die Mudder morje widder frooche, wo er dess Bloomol (blauer Fleck) her hätt. Gestern hatts gereent un es Wasser hott de Odau-Decke nooch obbe gedrickt un dodebei verschobe. Er hickelt mit schmerzverzerrtem Gesicht weiter un denkt bei sich, wonn die Mudder morje die blaue Flecke sieht, seet se widder: „Karl du bist un bleibst en Batschel."

Un donn steht er vorm Katzuff. Dorch de Monder (Schaufenster) sieht er die Leit, die on de Thek stehe. Nee, ausgerechnet die alt Knobloch-Millern, die alt Lumpegret. Die drickt en immer so gern un dess konn de Karl jo gar nett ab. Die isst so gern Knobloch un so riecht se aach. De Karl schittelt sich. Un do steht doch aach die Hinke-Gret. Er waaß gar net, wie se richtich heeßt, abber merr seet halt ibber se die Hinke-Gret, weil se ihr recht Boo noochzieht. Un die alt Scheckel konn er aach net leide. Die is so e richtich alt Uttel (schmutzige Frau), so e babbisch Gutzje (klebender Bonbon). Un die unnerhalle sich grad lauthals mit de Katzuffsen, un die, die is jo so richdich verdumbeidelt, un so schlombisch wär die, hott er die Mudder letzt verzähle geheert. Naa, do hott er heit keen Bock druff, naa, heit net.

Un alleweil beschließt er, er geht noochmol on de Rhoi. Er guckt dort so gern, wie die Kostemer Schiffchebootcher vun om Ufer zum onnern schiffe, de gonze Daach. Also so en Kapitän vun so em Schiffchebootche, dess wär jo aach was. Er kimmt on de Wäschbrick oh un sieht de Weibsleit zu, die mit hochrote Kepp un hochgekrempelte Ärm, mit große Scherze, die Worzelberscht in de Hond, die Klamotte berschte, bis se widder sauber sin. Soi Mudder geht aach omol die Woch mit de Wäschebrenk voll Unnerhose on die Brick. Do berschtet se wie en Berseker die Unnerhose un verflucht ihr verdammte Hoseschisser. Kernsaaf un Worzelberscht, dodemit werd gearbeit, die Hottwolleh (reiche Leute), die hott jo Geld un die konn sich jo Persil leiste. Un wer sich Persil leiste konn, der wäscht net selbst, der lässt wäsche. Is die Wäsch genuch geberscht, dut merr die Wäschesticker im Rhoiwasser schlengern, immer hie un her un spilt so die Saaf aus de Wäsch.

De Karl guckt uff die Rhoibrick, do is Betrieb. Irgendebbes is do los. Un donn sieht er wie ohner mim

Keppert vun obbe in de Rhoi hibbt. Er heert die Leit lache un klatsche un do waaß er, es is nix bassiert. De Wind weht vum Rhoi, es werd frisch un es werd gonz longsom dunkel. Eijeijei, ich muss mich spute. Sunst is dehaam widder de Deibel los. Un wonn die Mudder mim Welgerholz (Nudelholz) uff de Disch häät, is zabeduster un merr waaß, was die Uhr geschlaache hott.

Er dreht sich erum un geht schnurstracks zum Katzuff. Jetzt is de Lade leer. Die Fraa vum Katzuff steht hinner de Thek un fräht nett grad freundlich, was er wollt. Alt Mameluck (Mensch, dem man nicht traut) denkt de Karl. Sie is net so groß un ihr Gesicht is gonz schrumbelisch. Un do fällt em oi, dass die Mudder ihm uffgetraache hott, der Alt vum Raffzoo, also vum Schwademaache, so is nämlich dem Fleischer soin Spitzname, en Gruß ausserichte. Er nimmt soi Kapp ab un richt süffisont, gonz gekonnt de Gruß vun de Mudder aus. De Raffzahnen is dess egal. Sie lauert, ob er widder uff Bumb oikeeft odder Geld uff die Thek leht. Un so gibt er die Bestellung uff, wo die Mudder ihm uffgetraache hott. Die Alt verdreht die Aache: Mit dem Zores konn merr koo Geschäft mache. So jemond konn om glatt in de Machulle (Bankrott) treibe. Während se die Worschtzippel sesomme sucht, zählt es Karlche ihr Falte om Hals. Wie er bei 9 is, plefft (bellt) die Alt ibber die Thek: „Dess macht 80 Penning."

Es Karlche longt in de Hoseseckel un heelt Geld raus. De Faltehals odmed (atmet) erleichtert uff. Bargeld is Balsam fer die Seel. Es Karlche packt alles in die Meggeldasch, bedonkt sich ardich un geht enaus. Do knurrt pletzlich soin Maache un do sieht er dess Vierpünder Brot un do macht er sich on dess Knerzje dro un frisst sich longsom ins Brot. Dann geht er ohne Umweech haam. Kaum hott er de Mudder die gewinschte Fressasch abgelibbert, heert merr, wie de Alt singend die Trepp eruffsterzt. Er is ohgeduddel, hott gonz schee die Hef. Un er singt dess Lieblingslied vun de Kohleträcher:

„Ja wer kimmt donn do her mit athletischem Schritt, mit englisch, schlengernde weide Hose,

säät de ohne zu dem onner: Gebb merr mol e Zigarett, sunst kriehste for de Griebehals gestoße.

Ja mir sin die Gaade, die des Trottwar vun de Vilzbach ziert,

ja, ja, wir sin die Gaade, die dess Trottwar vun e Vilzbach ziert.

Ja un hammer nix mer druff, dass es longt fer de Suff,

do gehen merr hie zum Hafe, traache Kohle.

Ham merr 5 Stund geschafft, ham merr 3 Mark im Sack, ja so geht's bei de Meenzer Sackträschergaad."

Bevor er de Refrain nochmol plärrt, greift die Mudder oi. Sie zerrt en vum Flur in die Kich un raunt em zu, er soll es Maul halle. Die Leit dete schun die Köpp aus de Fenster strecke. Er heert uff se singe.

Die Mudder macht em Karlche Aache. Dess heeßt ‚verschwind'. Es Karlche leest sich in Luft uff un korz druff nimmt sich die Mudder ihr ogeduddelt Ehehälft zu Brust: „Du versoffe Kohleassel, warste widder in dere Huderadatsch (schmierige Kneipe) beim Scheppe Schorsch un hostem geholfe soin Rambas (billiger Wein) zu vernichte? Deste lieber Bitzelwasser saufe, kennste aach klarer denke. Musste die paar Penning, die du verdienst, fer den verfluchte Rachebutzer (saurer Wein) ausgebbe? Un mir fresse dehaam desweche Gequellte mit Dub Dub."

Un so geht's e gonz Zeit long weider. Merr konn die Schrei heern bis on's Fischdoor. De Vadder lallt: „Schatz, mach doch net so en Uffstand."

Immer dieselb Leier. Wie's Gewitter sich entlade hatt, sitze se fix un fertich om Disch un esse. De Alt will sich beschwern, was dess fern armseelische Fraaß wär, er hätt gern en Atze Brot dezu. Aber do sieht er es Gesicht vun soiner Herzensdame un do will er aach konn Atze Brot mehr, do hält er lieber de Rand un gleich durff leht er sich in die Saasch (Bett, das länger nicht bezogen wurde).

De Karl reecht sich net uff. Dess is er geweehnt. Dess bassiert efters. Net nur bei ihne. Jeden Daach heert merr aus ner onner Wohnung Gekrisch.

Er geht ins Bett, zappelt noch e bissje rum, donn seet er soi Nachtgebet: „Lieber Gott, mach mich fromm, dass ich uff die Reitschul komm." Er hott sich versproche, abber er lässt dess heit emol so stehe, de liebe Gott werd's em net veribbele.

Seelisch schläft er donn oi un im Traum fährt er Rund um Rund mit em weiße Reitschulgaul. Un er gibt em die Sporn un do hibbt der Gaul vum Karussell un träht en dorch die gonz Stadt. Erst galoppiert er dorch die Altstadt, de Karl winkt stolz em Knadscher zu, der grad vor soiner Bäckerei steht. Aach em Katzuff soiner Alt winkt er, die steht do glotzend mit uffgerissener Gusch (Mund) und hält Maulaffe feil. De Gaul galoppiert jetzt ibber de Markplatz, om Dom vorbei, dort heert er noch wie de Sankt Martin „Obacht, Karlche, obacht" rieft, un de Domsgickel dut frehlich krähe. Donn geht's im Galopp die Ludwischstroß enuff, dort winkt er'm Gutenberch un der winkt frehlich serick. Om Ostheimerhof vorbei, es geht im Galopp die Schillerstroß enunner, de Schiller rieft: „Karl, was host du en scheene Scheesegaul!"

Un de Karl is glicklich. Es geht weiter zum Bahnhof enuff, donn rechts die Kaiserstroß enunner, zum Schloss un ausgerechnet in de Schießgaadestroß bieht der Gaul zu frieh ab. Un donn bassierts: In de Schießgaadestroß is e Gailsmetzgerei. De Besitzer heeßt Wersching. Un in 3 Meter Heeh hängt on dem soim Lade, en traurich guckende Gailskopp. Un wie der Reitschulgaul dess sieht, hott er die Situation falsch verstonne un er dreht dorch. Er steht pletzlich uff de Hinnerboo, wiehert ängstlich, schläht mit de Vorderboo um sich un es Karlche fällt vum Reitschulgaul.

Dess heeßt: Er fällt aus soim Bett. Er wacht uff, reibt sich soi Hinnerdeil, er hott dess Gefiehl, als wonn en en Gaul getrete hätt. Abber er rabbelt sich schnell uff, leht sich widder in's Bett, macht die Aache zu, will widder oischloofe. Er hofft, dass er widder vun dem Gaul traame det un dass der hoffentlich noch in de Schießgaadestroß steht un uff en waat, damit er en widder uff die Reitschul bugsieren kann.

Er is net oigeschloofe vor lauter Sorje un do hott er laut ohgefonge se schluckse, so laut, dass die Mudder dess geheert hott, on soi Bett komme is un de Karl besorcht gefroht hott, was donn los wär. Un do hott de Karl ihr die Geschicht vum Reitschulgaul erzählt un dass er jetzt bestimmt koo Kerbelgeld kriehe det, weil der Gaul uff de Reitschuhl fehle det. Die Mudder hat Mieh, bis se es Karlche endlich beruhicht hott. „Du klooner Dummbatsch, du. Naddierlich kriehste Kerbegeld, du host doch die Sach mit dem Gaul nur getraamt. Also jetzt mach die Aache zu un schloof." De Karl war so erleichtert. Un mit em Seufzer, der aus tiefstem Herze kam, is der Karl beruhicht oigeschloofe.

Die Autorin

Hildegard Bachmann wurde 1948 in Wiesbaden geboren, zog aber schon als Kind nach Mainz-Drais, wo sie immer noch lebt. Seit Anfang der 90er Jahre veröffentlicht sie Mundart-Bücher.

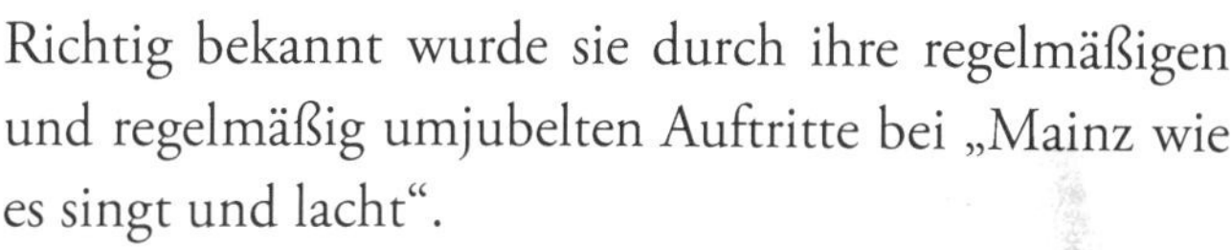

Richtig bekannt wurde sie durch ihre regelmäßigen und regelmäßig umjubelten Auftritte bei „Mainz wie es singt und lacht“.

Im Verlag sind von ihr erschienen:

Dämmerstindche (2002, vergriffen)

Quellkartoffele un Hering (2. Auflage 2002, vergriffen)

E ganz ofach Geschicht.
Weihnachtliches uff Rhoihessisch (2002, vergriffen)

Als ich e Kind noch war (2003, vergriffen)

Wonn's en Has war, war's en Has (2004, 2. Auflage 2006)

Ebbes Feinesje un onnern Geschichte (2007, vergriffen)

Heilichobend dehaam.
Weihnachtliches uff Rhoihessisch (2008)

Die Sehnsuchts-Küche.
Unsere Lieblingsrezepte, zusammen mit Ulrike Neradt (2009, vergriffen)

Die Allerscheenst (2012)

Die schepp Madonna (2012)

Doppelt gemoppelt (2016)

De heiliche Paarweck (2020)